새까만 울음을 문지르면 밝은이가 될까

지성의 상상 시인선 041

새까만 울음을 문지르면
밝은이가 될까

김밝은 시집

지성의상상

■ 시인의 말

시가 내 어깨에 손을 얹은 후에도

찾아갈 수 없는 곳

만져볼 수 없는 마음들에 조바심이 났다

그러는 사이에도

시에서 눈을 떼지 않겠다는 기억만은 더 선명해져서

꽃그늘 아래서도 새까만 울음이다

2024년 봄날, 고불매 아래서
김밝은

■ 차 례

1부

조금씩 모르는 사람이 되어가는 중입니다	18
꽃나무와 아이들	20
발라드 오브 해남 1	22
폭설, 사람의 온도를 갖고 싶다니	23
매화서옥도梅花書屋圖 2	24
비렁길에서	25
오래전 이름으로	26
낯선 바람이 다녀갔다	27
어떤 날은 그림자가 더 편하다	28
눈사람에 대한 예의	29
풍경에 대한 예의	30
애월涯月을 그리다 20	31
세상의 이름으로 만질 수 없는	32
애월涯月을 그리다 14	34

2부

꽃들의 장례식	38
물고기였다가 새가 되는 시간	40
이상한 이야기를 들려줄게	42
플렉스Flex 해버렸지 뭐야	44
사이코메트리	46
삐딱한 계절의 빨강	48
2분만 더,	50
밤의 이방인	52
대상포진	54
애월涯月을 그리다 15	56
장미 가시를 추스르다	58
애월涯月을 그리다 18	59

3부

분홍이 익어가는 동안	62
가파도라는 섬	64
먼, 남쪽	66
매화서옥도梅花書屋圖 1	68
수국꽃	69
비 오는 날 신발 한 짝	70
발라드 오브 해남 2	72
뒤로 걷기	73
참, 눈물겹기도 하지	74
애월涯月을 그리다 19	75
기묘한 슬픔	76
섬, 다시 목 놓아	78
거짓말쟁이	80
묵힐수록 단단해지는	81
애월涯月을 그리다 16	82

4부

꿈, 에필로그	86
잉태거나 혹은 불임이더라도	88
눈(雪)은 눈물을 품고 내린다	89
누군가가 나를 꿈속으로 데리고 갔다	90
완경完經	92
탱자나무 품에서 울다	94
오동꽃을 꼬집다	96
압셍트, 압셍트 Absente	98
애월涯月을 그리다 12	100
애월涯月을 그리다 13	102
애월涯月을 그리다 17	104
책무덤으로 들어가는 여자	106

■ 해설 | 섬, 혹은 발효와 묵힘의 시간   109
   _ 황치복(문학평론가)

1부

조금씩 모르는 사람이 되어가는 중입니다

뒤에서 몰래 너를 읽을 때도 있었다고 말하지 말걸 사람의 향기에 기울어지는 데도 취향이 있는 것 같다고 살짝 돌려서 말할 걸 그랬나 봐요

손을 뻗으면 마음을 다 건네지 못한 혀들이 우르르 쏟아질 것만 같은 11월의 하늘은 사진으로만 오래 들여다보던 먼 나라의 소금호수 같아서 오늘은

으깨져 버린 향기에 손길 하나 닿지 않아 씁쓸한 모과나무 아래서 무심하게 밀어놓았던 안부라도 떠올려야 할 것 같은데요 바닥에 떨어진 순간 자기의 빛깔을 놓쳐버린 모과처럼 우리는 생기를 잃어가는 서로의 눈동자를 모르는 사이 밀어내고 있다는 느낌이 들어요

내 몸에서 출렁이는 이름을 가만히 만져보면 싱싱한 향기가 뭉클뭉클 올라와 속절없이 몸이 기울던 날도 있었는데요

뭉툭해진 명치끝을 가만가만 어루만지며, 멀어지지 않

으려 꼭 껴안고 있던 이름을 그만 내려놓을 때가 되었다는 듯

　이렇게 내일도 뒤돌아 걸으면서 조금씩 잊힌 얼굴이 되어 가는 중입니다, 우리는

꽃나무와 아이들*
– 이중섭

　근심만 올라앉은 어깨를 정오의 그림자가 툭툭 치며 간다 새들의 잔소리가 많아졌다 조금 더 견뎌야 한다

　사는 일은 여전히 절벽 앞이다 대문 여닫는 소리가 날 때마다 가슴을 부여잡고 멀리 있는 얼굴들을 허공에 그리면 귤꽃 향기가 났다

　보드라운 숨결이 얹어진 그리움을 그리다 더 가난해진 손을 뻗으면 비웃기라도 하듯 세찬 비를 퍼붓고 손바닥만 한, 은지를 펴다가 퉁퉁 부은 마음으로 바라보면 바다는 여전히 깊고 아득해서 또 서러웠다

　절대적이고 적대적인 세상의 벽 앞에서도 꿈꾸듯 귤나무에 꽃이 피고 손끝에서 아이들은 알몸으로 재잘재잘 오르내린다

　만질 수 없는 얼굴을 어루만지고 싶어 억장이 무너질 때 건너지 못하는 바다를 향해 꽃향기 날아오른다 뛰어내린다

〈
그토록 다정했던 한 평 반**의 시간을 꿈꾸며, 더 그리워하며

* 이중섭의 그림 제목.
** 이중섭이 1년여 간 가족과 함께 살았던 제주의 방 크기.

발라드 오브 해남 1

목소리만 남겨놓은 그 사람이 떠나갔다

유난히 길어진 눈썹달이
발라드라도 한 곡 불러주고 싶은지
전봇줄 레와 미 사이에 앉아 있다

채우지 못한 음계를
바닷바람이 슬그머니 들어와 연주하면

허공을 가득 메운 노을과
나만이 관객인 오늘

시가 내게 오려는지
그만, 당신을 잃어버렸다

폭설, 사람의 온도를 갖고 싶다니

우크라이나로 돌진한
침략자처럼 무자비한
눈발이 휘몰아치고 간 뒤

나무 한 그루
바라보는 집 한 채

눈 속에 옴팡지게 들어앉아 있는
남녘의 풍경 하나를 올려 보내왔다

저토록 고립무원에 홀로 갇히면
사람이 다시 사무치게 그리워질까?

매화서옥도梅花書屋圖 2
– 통도사 자장매

제 몸 두드리다 붉으락푸르락해진 표정을
뜨거운 사랑이라 믿었던 적 있습니다

마음을 알아채지 못한 서투른 사랑으로
자꾸 넘어지던 날들도
들여다보지 않았습니다

소리를 질러도 하늘에 닿지 않는다고
헛 주먹을 휘두르며 살아온
기죽은 몸짓으로 물끄러미 바라보면

분분紛紛한 분홍으로 피어나는 중입니다

매운 서리가 입가에 맴도는 정월
발랄한 걸음으로 다시 오리라던
봄은 아직 얼굴을 드러내지 않았지만

홀로 향기를 피워내는 얼굴 하나 남겨두고
차마 뒤돌아서지 못하겠습니다

비렁길에서

까마득한 절벽을 곁에 두고
으름꽃 향기가 허공을 붙드는 동안

신들린 바닷바람처럼 달려드는
육지의 기억 한 조각

치명적인 풍경 앞에서도 또렷해지는
속수무책의 얼굴이 있다

오래전 이름으로
– 서도역

차마 떠나지 못하고 주저앉은
늙은 벚나무의 몸에 손을 얹으면

경적에 실어 올려보낸
그렁그렁한 이야기들도

오후 세 시의 꽃그늘 아래
다정한 이름을 부르던
우리도, 모두 오래전 소식일 뿐이라고

봄
혼불 같은 치맛자락을 깃발처럼 흔들고 있다

낯선 바람이 다녀갔다
- 남바람꽃

당신의 말에서
욕심을 버린 바람 냄새가 났다

봄날 하루를 맛있게 오물거리던
입술을 달싹일 때면 잇몸 사이 만개하던,

순하디순한 말과
말이 피워낸 이름을 손에 쥐면
캄캄한 내일쯤 잠깐
잊어버린 얼굴이 되기도 했다

어쩌다 놓쳐버린 말꼬리에서 자라는
알쏭달쏭한 마음들에조차
친절한 각주를 풀어놓지 않아도 그만이었다

동백이 지고 있다는 소식이 발밑에서 들썩여도
당신,
여전히 세상의 얼굴을 곁눈질하지 않았다

어떤 날은 그림자가 더 편하다

살구나무가 등을 살짝 굽힌 채
큰길 너머 사잇길에 눈길을 주고 있었다

비켜서지 못한 바람이
울컥 치미는 향기를 쥐여주고 감쪽같이 사라졌다

잠깐 마음이 휘청거렸지만
아쉬움이 묻은 얼굴을
파란 하늘에 보여주기 싫어 고개를 숙였다

모든 것이 정지된 화면처럼 가슴에 와 박혔다

오래 걸었던 풍경이 천천히 뒷걸음질 쳤고
익숙해진 인연도 여기까지라고 몸을 돌려 뒤돌아갔다

동백꽃이 툭, 툭,
죽비를 치며 떨어지던 날이었다

눈사람에 대한 예의

백 년 만에야 찾아왔다는 듯
꺼이꺼이 눈이 내렸어

지나간 시간을 돌돌 굴려
눈사람이 되고 싶었던 기억에 설렜지

시들어가는 나무에 꽃소식 내려앉았다며 부르던
더는 맞댈 수 없는 손이
멀어져 가던 소식이
두 팔 벌리며 서 있을까 기대했는데

사람들, 화풀이라도 해야겠다는 듯
사정없이 목을 치고 가고
온몸을 두들기고 간 바람에
입가 웃음만 붙잡은 채 나뒹굴고 있는 눈사람

산산조각이 나버린 풍경에
오늘은,
내가 사람이어서 울고 싶은 날이야

풍경에 대한 예의

낼이면 썩어질 몸인디
애껴서 머한다요
내 새끼들 생각하믄 없던 힘도 생긴당께

반으로 접힌 몸
갈라 터진 세월이 내려앉은 손으로
개펄 냄새 가득 실린
뻘배를 밀며 건네는 몸인사에

바다도 공손히 문을 열어드린다

애월涯月을 그리다 20

자늑자늑 이야기를 나눌 잠깐의 여유마저 주고 싶지 않은지 매지구름이 하늘가에 모여들어 웅성거리기 시작했어

애기동백을 품은 분홍은 향기로 가득해서 마음을 잡아당기는 자리가 더 골똘해지겠지 추억을 더듬으며 냉기가 서린 시간을 견뎌야 할 어느 날도 감정의 소용돌이에 붙잡혀 있을 때보다는 평온하다고 위안을 할지도 모르고

오래전의 쓸쓸한 그늘까지 데리고 왔는지 느닷없이 울적해지는 몸짓은 한 사람의 따뜻한 숨결과 눈빛을 건네주던 설렘이 간절해서 일지도 몰라

몇 번의 생을 품은 혼잣말을 제주왕나비의 날개에 얹어 바다 건너 보내면 옛사람의 마음에 가닿을 수 있을까

애월,
어쩌면 분홍은 주고 싶은 모든 말, 차마 보내지 못한 표정처럼 눈물겹기도 해

세상의 이름으로 만질 수 없는

자꾸만 감기려는 눈꺼풀을 들어 올리며
아미*라는 이름을 껴안고 달렸다

평온한 일상이 느닷없이 추락해
허겁지겁 명랑 위에서 내려와야 했던 어떤 날처럼

청미래덩굴의 붉은 열매만이
아직 땅을 밟고 있다는 것을 일깨워 줄 뿐

허공의 한편을 들추면
건드리고 싶지 않은 시절이
가부좌하고 앉아 있을 것 같아
자꾸만 뒷걸음질 치려 하는데

기척도 없이 꾸역꾸역 몰려드는
거대하고 흰 무리들
〈

아득하다는 지상과 허공의 경계를
여지없이 무너뜨리고 있다

* 아미산; 순천과 곡성에 걸쳐있는 산.

애월涯月을 그리다 14

오래 껴안고 있어 몸의 일부가 되는 울음이 있을까

사무치는 이야기를 두고 끝내 뒤돌아선
어떤 마음 하나를
눈썹 위에 올려놓고 생각하는 중이야

발끝에 닿아있는
아슬아슬한 인연들에서 멀어지면
목에 걸린 사연들이 홀가분해지고
애면글면하던 세상의 흔적도 얌전하게 사라질까

이력을 알 수 없는
하트 모양의 붉은 나뭇잎 하나를 얻어왔어

정성을 가득 곁들여
시들어가는 심장 위에 올리면 몽글몽글
다시 뜨겁게 피어날지 모른다는 기대를 부풀려도

애월,

비는 제 몸을 맨땅에 내리꽂으며 통곡이고
두 개의 날 선 헤드라인은
아직도 허공에서 우격다짐 중인가 봐

2부

꽃들의 장례식

아가, 내 발등에 네 연약한 발을 얹어보렴 내가 움직일 때마다 우린 함께 춤을 추는 거란다
엄마, 힙노스의 날개가 자꾸 저를 건드리는걸요

문을 열어젖힌 하늘이 쏟아붓는 폭언도 불평 없이 받아들이고 노을을 잡아당기는 저녁의 몸짓에 불온한 생각쯤 말끔히 지울 수도 있었는데

태어날 때 쥐고 나왔을 생의 가벼움이 아파요

명랑한 재잘거림이 무너져 밀실처럼 어두워지면 바다로 출렁이는 사람들의 질긴 거짓말을 품고 밀물이 되지 못한 속내가 질펀한 개펄처럼 드러나고요

시간의 옷깃을 부여잡은 손에 안간힘이 얹어질 때 바람의 기척 하나 없는 머리 위로 햇살을 쏟아붓던 하늘은 작별 인사처럼 미혹의 빗방울을 흩날리기 시작하네요

흔적마저 **빼앗긴** 채 묻혀버린 신발들

비명을 토해내는 4월의 감정을 향해

이제 그만,
대답해 주세요

물고기였다가 새가 되는 시간

 신기하지, 구름은 어떻게 자기 몸을 자유자재로 바꿀 수가 있을까 따라 할 수 없는 표정들까지,

 구름의 흔적인 물방울 같은 이번 생의 기억을 지워야 한다면, 그래야만 한다면 구름이 물고기 모양이었다가 새의 모양으로 바뀔 때, 그때였으면 좋겠는데 당신의 얼굴 모양을 한 구름은 기어이 보이지 않고, 숨어버린 당신 때문에 나는 다시 버림받은 느낌을 가진 먹구름 모양이 되겠지…

 구름 모양에 이름표라도 만들어 줄까 전생에 내가 싫어하는 파충류로 살았을지 모른다는 강박관념이 있어서 뱀피 무늬 구름이라도 보일까 전전긍긍하기도 하지 당신은 내게 너무 걱정하지 말라며 등을 다독여 주었는데, 어느 날 나를 흘깃거리며 지나가는 얼굴을 보니 오싹하더라

 오늘은 세상의 모든 종을 울려서라도 내가 원하는 구름 모양을 샅샅이 들여다보고 싶은 날인데 끝내 좁혀지

지 않는 인연처럼 붉은 하늘은 구름을 밀어내려는지,

 앗, 이제 막 태어나는 저 구름 모양이 나일지도 모른다고?

이상한 이야기를 들려줄게

 유난히 새파란 바닷길을 걷고 있었어 좁다란 바위틈 사이로 오징어가 보여 다가가 보니 하얀 비닐에 싱싱한 오징어가 가득했지

 오징어를 꺼내려 비닐을 풀었더니 어른의 숟가락과 젓가락이 나오고 칼이 나오고 어린아이의 숟가락과 젓가락도 나왔어 오징어가 나오지 않아 손을 넣어보니 황금빛 돈다발이 쑥 올라오더라 좋아라 소리치며 누군가에게 숟가락을 건네고 칼을 건네고 젓가락을 건넸지 돈다발만은 손에 꼭 쥔 채,

 그런데 다시 보니 숟가락과 젓가락 칼도 사라져버리고 손에 꼭 쥐었던 황금빛 돈뭉치도 보이지 않았어

 이야기를 들은 당신, 내 안에 어둠이 너무 많이 쌓여서 햇살 한 뼘 들어올 자리도 없고 누구도 들일 수 없는 상처 때문에 해석할 수 없는 꿈을 꾸는 거라 했지

 놀리기라도 하듯 지붕이 위태롭게 흔들렸고 애지중지

바라보던 화분의 꽃마저 비명도 없이 시들어갔지 사람들은 자꾸 입만 달싹거렸어

플렉스Flex 해버렸지 뭐야

눈 깜짝할 사이였지 뭐야

아직
출발, 호루라기를 불지도 않았는데
나도 모르게 질주하고 있었어

처지 따위 생각할 겨를도 없이
샤넬 캐비어 클래식 점보를 플렉스 해버렸지 뭐야

한때는 백화점 입구에 서서 미소만 짓느라
어정쩡한 안면근육을 고생시키고
요즘엔 새까만 커피 앞에
몇 시간씩 서 있느라 두 발이 힘들지만

언제나 즐거운 상상은
아이 볼처럼 탐나던
샤넬 캐비어 클래식 점보의 감촉이었어

떨리는 손으로 경건하게 거행하는 언박싱unboxing

이 순간이 바로 화양연화여서

12라거나 24라는 서늘한 숫자쯤
설렘의 뒷감당으로 담담하게 견디려고 해

민낯에도 말간 나의 20대
저당 잡혀야 할 내일 따위
기꺼이 생각하지 않을 거야

사이코메트리

냄새나는 하루를 쏟아놓고 가을을 흔드는 은행나무를 바라보던 문장들이 터벅터벅 다가오는 날 나는 당신에게 더 골똘해지는 중이지

욕심을 부리고 싶어도 당신을 만질 수 없는 손금이어서 상상만으로 건드려보는 내력이 가슴에 턱 자리 잡기도 하지 시간이 더는 나를 해체하지 않았으면 좋겠는데

이름에 손만 얹으면 전생의 전생까지 환하게 읽히는 순간이 올지도 모르고 아슴푸레한 시절을 들여다보면 언젠가 그늘의 장막 아래서 당신은 시를 들여다보고 나는 그저 노래나 한 뼘 만지작거리고 있을지도,

허공을 더듬으며 추락하는 숨결처럼 울고 싶을 때도 당신 이름에 어깨를 기대지는 않지, 않지가 않기가 되기도 하지 가위눌리는 밤은 계속될지 모르지만
〈

나란히 한 곳을 바라보며 입꼬리 살짝 올라가던 풍경만은 꼭 움켜쥐고 있지

삐딱한 계절의 빨강

올가을엔 동쪽에서 오는 사람을 꽉 잡아
틀림없이 귀인일 테니,

나의 훗날쯤 이미 다 알고 있다는 듯
심술궂은 사월의 표정으로 나를 바라보았다

초년고생이 심했구먼
이젠 마음만 먹으면 다할 수 있겠어
(어딜 가든 똑같은 희망고문이지)

사과에 들여놓을 붉은 향기를 품기 위해
마음속 적심摘心은 쉽지 않아서 다만
아직 삐딱한 계절이 덮인 흙을 발로 꾹꾹 눌러주었다

빨강을 좀 더 주세요
아니,
그냥 빨강으로 나를 덮어줄래요

어둠처럼 고이는 잡념의 시간을 내 안에서 파내고

점괘에 맞추듯 붉은색을 들이부어야 하나

꼼꼼한 솜씨로 그려 넣은 부적의 붉은 샛길은
어디로 가닿는 절박한 소식인지

붉은 속옷을 입으라니까
아브라카다브라!

2분만 더,
- 무한 거울방*

솜사탕 행성의 어느 모퉁이에 숨어 있던 수천수만의 내가 나에게 달려드는 꿈속인 듯

놀랍지 않니 2분, 낯선 우주의 음률은 참 이상해 새소리가 철근 떨어지는 소리로 달려오다니 그런데 왜 이렇게 좋은 걸까 바깥세상에선 아득한 적막이어서 사람을 만날 때마다 조마조마했던 오른쪽 귀도 생생하게 열리는 것 같아

무한대의 너와 무한대의 내가 가뭇없이 사라질지도 몰라서 아득해 보이는 환상 속으로 뛰어들어버릴까 가슴 졸이는 사이 어리둥절 풀리지 않은 숙제가 된 사이

저기요 잠깐만요, 2분만 더 못 견디게 해줄 수 있나요 무지개를 생각한 적 없는데 환상을 풀어놓는 손 별들을 풀어놓은 찰나로 갸우뚱 생각이 기울어지기도 하고

다섯 살 수술칼의 선명한 소리가 귀의 비명을 우악스럽게 잡아채 버린 뒤 소리를 들이지 못하던 오른쪽 귀의

지루한 날들이 요동치기 시작한 순간

  똑똑, 바깥세상에서 신호가 왔어 체험 시간이 경과되었습니다 물소리가 물소리로 새소리가 새소리로도 잘 들리지 않는 막막한 이름으로 그만 돌아가 주셔야겠습니다

  * 쿠사마 야오이의 설치미술 작품.

밤의 이방인
– 카카오 택시

나의 능력은
밤이 깊을수록 더 확실해집니다

당신이 한 번 알려준 풍경은 절대 잊어버리는 법이 없고
어디서든 당신이 부르면 시간을 아껴 달려갑니다

나를 기다리는 시간
당신이 설레지 않는 걸 보면
어린 왕자에 나오는 말*같은 건 다 헛소리일지 모르지만

내 무릎 위에 앉는 순간
새벽 2시의 모호한 어둠 따위쯤 두려워하지 마세요
걱정스러운 눈으로 올려다보던 처음의 별들을 제치고
당신을 밤의 여왕처럼 모시고 갈 테니

아직 붉은 눈으로
새벽을 펼치려는 시장 사람들을 지나

거리낌 없이 질주하는

이 순간,

나는 당신만의 크라토스입니다

* 네가 오후 4시에 온다면 나는 3시부터 행복해질 거야.

대상포진

눈치채지 못했다

시치미 떼고 불쑥 나타난
붉은 물집 같은 얼굴들

탱자나무 가시덩굴처럼
빽빽한 눈물로 가득해진 뒤에야
뼛속까지 파고드는 고통을
선물처럼 두고 갔음을 깨달았다

독하디독한 통증을
비명처럼 앙다물어도
온몸은 허공에서 어지럽기만 한데

눈치 없는 마음이 문제였다고
굳이 짝을 맞춰 붉어지는
낯선 표정들

벼락이 내린 흔적처럼

내 몸 어딘가
화인火印으로 남은 시간이 들썩여도

아슬아슬하게 붉어진 물집처럼 끝내
터트릴 수 없는 눈물이 있다

애월涯月을 그리다 15

오늘은 아주 많이 보고 싶은 얼굴이라도 만나야
피곤이 조금 풀릴까 말까 하고
죽어라 달려도 뒤로 열 걸음은 물러나는 날이래

녹슨 시간을 백날 어루만져도
윤기 나는 시간은 다시 오지 않을 테니
8월의 무더위를 잔뜩 품은 길 위에
깔깔비가 쏟아지는 날이라도
밖으로 달려 나가지 않는 것이 좋을 거라고

언제나 어긋나는 예언들에서
그만 눈길을 거둘 때도 되었는데
눈을 뜨면 다시 손가락을 올려놓는
오늘의 운세

장맛비 그친 하늘 사이로 비치는 서광처럼
모든 일이 술술 풀릴 거라는 소식을
하늘 가득 띄워줄지도 모른다는 상상을 했는데
〈

애월,
희망고문 같은 오늘의 운세가 퍽,
또 뒤통수를 치고 가버렸어

장미 가시를 추스르다

향기를 말로 묶은 장미꽃다발과 살가운 치즈케이크를 옆으로 치우자 기다렸다는 듯 숨겨둔 가시들이 쏟아지기 시작했다

이런, 감정은 싹 지워버린 밋밋한 말투인 걸 할 말은 아직 많이 남았는데 벌써 눈이 뜨거워지면 안 되지 소녀 같은 감상문을 아직도 품고 산단 말이야? 케케묵은 냄새들로 가득한 것 같은데… 큉해져 버린 제목을 지나기도 전 페이지들이 금세 해쓱해졌다

나비의 춤사위 같은 내 몸짓 하나쯤 찾아내 줄 거라고 잠시 두근거렸는데 앙칼진 가시의 눈초리에 움찔할 틈도 없이 날개가 꺾였다 오싹한 가시들을 추스르려면 얼마나 많은 시간을 공들여야 할지,

거들먹거리며 들여다보다 가차 없이 밀쳐버렸던 누군가의 멍든 나비들 보란 듯이 내 가슴팍으로 쏟아져 내린다

애월涯月을 그리다 18

 낯선 기호 속에서 외톨이처럼 웅크리고 있는 내 이름을 발견했어

 상냥한 목소리로 기호의 빗장을 풀어보고 싶지만 살얼음이 낀 머릿속, 생뚱맞은 심술로 가득한 얼굴의 사람들은 먼발치에서 서로를 탐색하고 어쩌다 내놓는 마음마저 모조리 분해되어 버려지고 말지

 발을 들여놓지 않았으면 좋았을걸 발길을 돌리지 말았어야 했어

 파도가 은밀하게 베껴두었던 문장을 보내와도 눈물만 손에 꼭 쥐고 있다는 느낌이 들곤 하는데 누군가는 낯선 곳에서의 삼칠일을 견뎌보려 엉거주춤한 날들을 딛고 무작정 떠난다고 하더라

 애월,
 왁자지껄과 깔깔거림이 눈부신 소란이 될 먼 훗날에도 나는 여전히 해석되지 못한 모스부호처럼 남겨질지도 몰라

3부

분홍이 익어가는 동안

봄이면, 할머니는 진달래꽃을 따다 술을 부어 꽃밭 귀퉁이에 묻어놓고 봄날의 향기로 무르익을 때까지 들여다보곤 했다

개구리울음소리가 마당까지 올라오기 시작하면 할머니는 잘 익은 분홍을 술잔에 담아 상을 차려놓고는 *나쁜 놈 나쁜 놈* 질펀한 목소리로 허공을 휘저었다 그런 날은 유난히 반짝이는 밤하늘이 손을 뻗으면 잡힐 것만 같아서 나쁜 놈이 되어버린 아버지 얼굴이 더 궁금했다

상상은 또 다른 상상을 건드려주곤 해서 혼자 있을 때면 하늘에 가닿는 비밀을 키우며 두근거리던 날들이 있었다 한 번쯤 꼭 만져보고 싶던 얼굴

세상의 간절함을 모두 모아도 마주할 수 없는 얼굴이 있다는 것을 터득해 버린 후 쑥쑥 자라던 상상력은 산산조각이 났고 나도 가끔 고개를 숙인 채 나쁜 사람 나쁜 사람 곱씹어보는 날들이 늘어갔다

〈

새까만 울음을 박박 문지르면 맑은 눈물이 될까, 생각하는 사이 모른 척 고개를 돌리던 슬픔이 잠깐 윤슬처럼 반짝일 때도 있었다

가파도라는 섬

아무도 모르게 껴안은 마음일랑
가파도 되고 마라도 되지
어쩌면 무작정 가고파도일 거라는 말

고개를 저어도 자꾸 선명해지는 너를 떠올리면
구구절절한 사연들이 함께 달려와
아득해진 장다리꽃의 옷자락을 잡아당기곤 하지

바람을 견디지 못한 이름들은 주저앉아버렸고
청보리는 저 혼자
또 한 계절을 출렁이고 있는데

어루만지다 쓰다듬는다는 말이
명치에서 덜컥 넘어지기도 하는지
곱씹을수록 까슬까슬해지는 얼굴도 있어

보고파,라는 말을 허공에 띄우면
대답이라도 하듯, 등 뒤에서 바짝 따라오는
파도의 손짓까지 뜨겁게 업은 너

〈
심장에 가까운 말* 한마디는 어디에 숨겨놓은 것일까

* 박소란 시인의 시집 제목 인용.

먼, 남쪽

봄기운이 들어선 지 한참이라는데
신명 난 굿이라도 한판 펼치고 가려는지
맑은술에 취한 것처럼 눈, 휘날린다

배불뚝이 꽃봉오리들의 난산에
제주 수선화 노란 향기가 시들어가고
남도 사투리로 뛰어오던 먼나무의 붉은 노래도
창백한 낯빛으로 고꾸라졌을지 모르지

열렬할 거라 믿었던 사람의 눈 속엔
지루한 낯빛이 굳은살처럼 박혀 있고
꽃의 구석구석
눈이 투신할 때마다 실신하는 건
까닭 없이 신열을 앓는 내 심장

물음표로 남겨놓은 시절을 펼치면
속절없는 투정을 품어주던 체취를
얼마나 더 오래 기억할 수 있을까
〈

입속에 불면을 넣어주었던 이름도
오래전 소식일 뿐이고
짭조름한 손만 만지작거리고 있는 허기진 바다도
가슴을 펴기엔 아직 먼 거리의 봄인 것만 같은데

고향이라는 이름표를 들고 서성이는 남쪽
얼음장도 깨뜨리던 우리의 약속은
어느 시절을 헤매고 있는 것일까

매화서옥도 梅花書屋圖* 1
– 대흥사 초의매

터져 나오는 신음을 꼬집으며
손등에 떨어지는 눈물로
몰래 훔쳐둔 소식을 그리는 중입니다

세상의 벽은 너무 가팔라서
퉁퉁 부은 손으로 오르기엔 뼈저린 곳인데

꿈꾸는 한 발, 내딛는 건
욕심일 뿐이라고
적묵당 담벼락 아래 쪼그리고 앉아
경전의 향기를 붙잡고 있어요

막막한 예언에 갇혀서도 간절해지는
만개한 당신 얼굴

어느 시절의 안색으로 그토록 눈부신가요

* 조선 후기 화가 조희룡이 그린 산수화.

수국꽃

요것은 말이여
물 한 바가지만 있으면
염천에도
장마철 미꾸라지만치 폴짝 살아난당께

사람도
좋은 짝이 있어야 지대로 피는 것이여

내 새끼도
꼭 그런 사람을 만나야 할 것인디
할머니의 주름진 목소리가 들리는,

새파란 바다 한 다발

비 오는 날 신발 한 짝

짝을 놓쳐버린 신발 한 짝 빗속에 웅크리고 있다 동그랗게 이름을 불러주던 마음과 나란히 걸었을 시간이 함께 젖고 있는 것만 같은데 구부러진 기억이 잠시 허리를 펴고 일어선다

몰랑하고 통통한 거시 괴기보다 맛나야 할머니가 유난히 좋아하던 뻘기는 갯바람 드나드는 염전 근처가 맛있어서 봄소식이 닿기도 전 아이들의 명랑한 손놀림이 먼저 북적이곤 했다 아이들은 운동화나 구두를 신었는데 나는 고무신만 신고 다녔다. 머시마들이 놀리기라도 할까 봐 몰래 숨겨놓고 까만 맨발로 희디흰 뻘기만 고개 숙이고 뽑았더랬다

악아, 요놈만큼 질긴 놈이 없어야 선머슴처럼 돌아댕기는 니 같은 가시나한테 딱이랑께, 아 열 걸음도 못가 흙구댕이에 처박힐람서 머시라고 좋은 신만 찾는다냐 당최 속을 모르겄다, 잉 나도 요놈같이 질긴 신이 좋아 한 번쯤 뻘기 속처럼 보드라운 거짓말이라도 해줄 걸 퉁퉁 부은 입으로 할머니 속만 긁었다

〈

　산이 강물에 포갠 제 몸을 오래 들여다보는 날 비바람을 밀어내며 얼굴 하나가 선명하게 그려지고 발랄해지고 싶던 발길이 주저앉는다 어쩌다 명품이라고 이름을 내건 신발을 욕심내 신어 봐도 이상하게 마음까지 즐겁진 않고 할머니 목소리가 반질반질한 가죽 신발에 덥석 얹혀있기도 했다

　입 밖으로 내보내야 발아가 되는 말이 있을까 꽃을 단 고무신이 귀한 신발이 되었다고 뼈아픈 혼잣말을 달싹이면서,

발라드 오브 해남 2

전복 양식과 김 양식으로
목소리가 간들간들해진 건
삼거리 노래방과 낙원 다방

표정을 숨긴
낡은 창문을 들여다보면

구부러진 허리들이
고된 시간을 펴고 있다

사장님 멋지세요!
꼬깃꼬깃한 지폐가 산뜻해지는 순간

장터 골목에선 튀밥 소리
뻥—이요,
싱싱하게 날아다니고

뒤로 걷기

 느그 할머니랑 나랑 참말 좋았어야 토방에 앉아서 정답게 야그하면 지나가는 아짐들이 고부 사이에 먼 할 말이 그리 많냐며 부러워했당께

 느그 키울 때는 살림이 짠해서 뻘밭을 마당처럼 드나듬시롱 고달픈 세월을 견뎠제 내 몸을 찬찬히 들여다보믄 파도가 찰랑거리는 거 같았당께 나도 가시나 땐 봄처녀나비 모냥 이쁘단 소리 들었어야 친정에서는 나도 겁나 귀하게 자랐는디 느그 집이 뼈대 있다는 이유 하나로 나를 시집보내 부렀제

 세상의 온갖 걱정을 혼자 짊어진 사람이던 엄마 이제껏 자신을 돌보지 않았으니 다시 아이가 되어보겠다는 듯 근심걱정 없는 표정으로 엄마의 아버지와 엄마의 엄마만 자꾸 부르면서 가지 마 가지 마,

 제 몸을 텅 비운 후에야 파도의 울음을 품을 수 있는 소라처럼 엄마도 아직 질펀한 갯벌에 빠져있는 세월을 몸에서 빼내려고 애쓰는 중인가 봅니다

참, 눈물겹기도 하지
- 선유도에서

밀어내도 밀어내도 마음만은
무작정 아득해져서

홀로 선 바위도 섬 하나가 되고
떨어진 꽃 한 송이도
한 그루 나무의 마음이 되지

비를 붙들고 걷는 사람을 꼭 껴안은 바다는
열어젖힌 슬픔을 알아챘는지
흠뻑 젖은 그림자로 누워 있네

아무리 생각해도

섬과 사람 사이
사람과 사람 사이

참, 눈물겹기도 하지

애월涯月을 그리다 19

흰 눈을 덧입은 애기동백의 놀란 표정을
누군가 보내온 소식으로 전해 받은 날

천수천안을 가졌다는 핸드폰으로도
노을을 휘감고 날아가는 새들의 눈물을 알아챌 수 없었어

새들이 지나간 아득한 세상의 개펄
지평선을 짊어지고 삶을 캐는 누군가는
흐릿한 정물이 되어 가는 중인데

조금만, 조금만 더 견디자며
우린 너무 오래 떨어져 걷고 있는 건 아닐까

까칠한 시간 속에 자주 허밍을 불어넣어도
더는 가까워지지 않는 표정들

애월,
금이 간 백미러에 들어와 헝클어져 버린 풍경처럼
상처 난 생生의 흔적이 너무 쓰라린 지금이야

기묘한 슬픔
— 석모도

이쯤에서 딱 열흘만
몸서리쳐지는 세상에서 한발 물러서서 흘러가는
섬으로 가고 싶은 날

꽁꽁 얼어 박제되어 버린 고양이와 마주쳤다
건드리면 마른 꽃처럼 바스러질 것 같아
뒤돌아보지 않는다

물고기를 낚아채는 사람들을 멀리한 채
어쩌자고 얇은 나무판자 위에 야—옹,
생을 뉘었을까

바람만 서로 끌어안고 뒹구는 들녘
일렬횡대로 꽁무니를 맞춘 기러기 떼가
먹이를 찾아 뒤뚱거리다가
사는 게 별거 아니라는 듯 발 빠른 해석을 펄럭이며
끼룩끼룩 웅성거린다

슬프다는 말조차 너무 초라해서

오늘의 발걸음은 허방을 향해 딛는 실패

석모도에 가면
꽃다운 시절도 모른 채 겨울에 묻혀버린
기묘한 슬픔과 마주할 수 있다

섬, 다시 목 놓아

세상의 시계는 곁눈질로도 보기 싫은 날

새빨갛게,
허공을 떠받치며 먼나무가
제 몸을 소신공양하는 중이었다

영문도 모르고 이른 잠에서 깨어난 유채꽃
하품도 하지 못한 채 어리둥절할 때
겨울을 걷는 발걸음들만 좋아라 재잘거렸다

머리를 짓누르며 달리던 고단함쯤
쭈—욱 밀어놓고 무작정
한 곳으로만 향하는 뜨거운 내일을
떠올려보고 싶었지만

깔깔거리던 손뼉은 무료해진 지 오래여서
두근거리던 웃음은 궁색해진 표정으로 조마조마하고
다정하던 아침도 핑계처럼 주저앉았다
〈

뼈아픈 농담으로 가득한 허공에
미련한 귀를 대보면

잠시 머뭇거리던
바다의 목소리가 점점 커지고 있다

거짓말쟁이

눈물을 훔쳐 쓴 적이 많았는지
마음 놓고 울지 못하는 벌을 받았다

열한 살
손톱에 물들인 봉숭아가 지기 전
또 올 거라는 약속에
엄마의 얼굴도 함께 물들였던 시간

나무나 꽃이나 바다의 냄새보다
엄마 냄새가 더 좋았는데

거짓말을 비눗방울처럼 부풀리며
아무렇지 않다고 눈물을 우습게 본 게 잘못이었나

내 옆구리를 내가 콕콕 찌르면서
아직도 해마다 봉숭아꽃을 손톱 위에 올려놓고
주문처럼 외우는,

울지 않는다 울지 않는다

묵힐수록 단단해지는

오래 밀려나 있던 기억이 먼저 가 닿는다

빼곡히 눌러앉은 섬을 친구 삼아
파도와 함께 마음 출렁이면

허리 굽은 살구나무와 다정히 앉아
주름진 시간을 붙잡고 기다리던 할머니

어여쁜 해남 아씨 내가 데려가리라*
뱃고동 리듬과 함께 무한 반복으로 출렁이는,
해남의 어느 모퉁이를 쓰다듬으면

그리움만은 앞으로 달려가지 못하는지
늘 뒤돌아보기만 하고 있다

* 하사와 병장의 노래 '해남 아가씨'.

애월涯月을 그리다 16

차마 손으로 만질 수 없는 것들은 아파서
바다는 땅을 부르고
땅은 바다를 기다리며 살아가는 걸까

가로로 세워 보고 세로로 맞춰도 보고
그것도 맘에 안 들면 날카로운 트집으로
욕심껏 상처를 만들면서
서로의 취향에 길들이려고 아우성이었는데

미사여구 하나 없이 심심한 말들만 모아놓은
사전을 읽어주는 것 같아도
세상 어떤 노래보다 어깨 들썩이게 한 사람

마음만은 아직 녹슬지 않았다고
간절해진 시간이 글썽이는 걸까

외침조차 기어이 목으로 삼켜버리고
봉숭아 꽃물 든 손톱 위에나 올려놓고
바라보는 얼굴

〈
손을 뻗어도 끝내 닿지 않는 목숨이 있어

애월,
울고 싶은데 눈물이 흐르지 않는 건
그 변두리에 내 눈물 모두 묻어놓고 와버려서인가 봐

4부

꿈, 에필로그

고요만을 전시하고 있는 갤러리에 앉아 지나간 꿈의 언저리를 건드려보는 중입니다

돌꼇잠을 자던 어릴 적엔 절벽에서 떨어지거나 시원하게 볼일을 본 뒤 꿈에서 깨어나면 이불이 흥건해서 어리둥절한 적 많았지요

노루잠이나 개잠의 얕은 잠 속만 들락거리다 계시를 주는 것 같은 선몽을 꾸기도 하고 싱싱하던 잉어가 물이 바짝 말라버려 죽는다던가 멀쩡한 이빨이 몽땅 뽑히는 꿈에 화들짝 깨서 알 수 없는 불안으로 조바심을 내기도 했습니다

아침에 눈 뜨지 못해도 좋겠다는 몹쓸 체념으로 버티던 시간을 건널 즈음

커다란 뱀이 내 몸을 칭칭 감아 소름이 끼쳤습니다 눈을 뜬 뒤엔 내 몸 깊숙이 숨어 있던 활화산 같은 욕망이 기지개를 켜는 것이라고 혼자만의 해몽으로 힘이 났는

데 당신은 꿈속에서도 모르는 얼굴과 다정히 걷고 있어서

 이제 그만 가상의 세계에서도 웅크리고 있는 나를 꺼내 꽃잠이라도 잠깐 안겨주어야겠습니다

잉태거나 혹은 불임이더라도
– 미발표작

독한 마음으로 마련했어요

 함부로 찾아올 수 없는 곳 다만, 오늘은 뾰족하고 텅 빈 세계죠 사방은 희고 고요해서 까만 점 하나만 찍어도 문장이 될 것 같은데 두 손을 자판 위에 올려놓으면 가난한 뼈가 자꾸 제자리를 벗어나려고 해요

 날뛰는 몸짓이 반복될 때는 열심히 숨 고르기를 해도 글자 하나 도무지 만져볼 수 없지만 뼈저린 생각이 온몸을 휘감다 잠시 눈 감는, 바로 그때 한 줄의 싱싱한 표정이 만들어질 거라고 나를 들여다보던 입술 하나가 알려주었지요

 피부가 원하는 물광이 내 문장에도 절실하다는 걸 눈치채지 못해야 할 텐데 무슨 궁리를 써서라도 짜릿한 이름 하나쯤 만들어야죠 더 춥고 더 쓸쓸한 내일일수록 무한 상상으로 뻗어 나가리라 다짐하며,

 서붓거리는 이야기들의 숙주를 꽉 부여잡고 있어요

눈(雪)은 눈물을 품고 내린다

목젖을 타고 내려가야만
뜨겁게 피어나는,
술꽃을 먹고 싶은 날이 있지

표정을 그리고 있는 집에서는
거미줄도 꽃으로 피어서

너를 나라고
나란히 부를 수 있었던 어제를
지금으로 데려오고 싶은
욕심만 절실했어

멀어져 가는 인연의 등 뒤에서
으스러뜨려진 날들을 추스르다
신에게 막무가내 삿대질하고 싶을 때

하염없는 사무침을 품고
꺼이꺼이
눈물만 내리는 밤이 있지

누군가가 나를 꿈속으로 데리고 갔다

기어이 한 편의 절망을 쓰고야 말겠다고 다짐한 적 없는데

수천수만의 생을 품은 은행나무 아래서
바쁜 척 당신의 전화를 끊어버리고
종일 허둥대다 잠든,

어젯밤 누군가
나를 꿈속으로 데리고 갔다

안부가 궁금한 절실한 표정으로
황금빛 그림자를 힘주어 껴안아도
밖으로만 튕기는 당신은 점점 더 멀어졌다

나를 위해 당신의 휴일을 비워둔 적도 없어서
더는 내일을 찾지 않겠다는 쓰디쓴 생각이 뒹굴고

꿈속에서도

심장을 할퀴고 가는 오늘이라는 부스러기만
슬픔의 가루처럼 모질게 휘날렸다

완경完經
– 하제 포구

세상 끝을 움켜쥐고 싶어 바다로 간다

6월의 낯선 된더위가
잠시 일렁이던 설렘을 순식간에 빼앗아가 버리고
아쉬운 말마저 덮어버렸다

더는 바다로 나갈 수 없는
배들의 비극을 어루만지면서도 풍경은
언제든지 변할 준비가 되어 있다는 듯
휙, 제 얼굴을 돌려버리고
간절히 부르던 해당화도 가뭇없다

몸 깊숙한 곳까지 각인된 손길은 어디로 갔을까
한때 회오리처럼 몰아치던
희열의 기억들도 멀어지고

이제 더는 물고기들을 품을 수 없는 몸
〈

시간의 주술에 걸려 무너져 내리는
배들의 무덤가를 햇살 한줄기 갸웃거리고 있다

탱자나무* 품에서 울다
- 새들의 말

하늘이 붉은 지느러미를 늘어뜨릴 때
내 가슴엔 먹빛 시간이 내려앉고

발목으로 밀려나 잊혀가던 통증이
눈을 크게 뜨고 일어나요

몸부림이 내려앉은 화인火印의 자리마다
꽃들의 울음이 새겨지면
뱀눈그늘나비를 데리고 오는 바람의 눈썹도 가늘어져 가고요

어지러운 밤이 뒤척이는 날엔
세상의 흐린 풍경들을 헤매다가
상처 난 몸짓은 잊은 채 또 그대 곁을 서성일 테지요

가시 끝에 걸려있는 달이 몸을 부풀리는 시간

물러서지 않는 이름에 치명적인 약점을 잡힌,

나는 외부인 출입금지 구역에 갇혀있어요

* 강화군 화도면 사기리에 있는 탱자나무.

오동꽃을 꼬집다

얼굴보다
희고 긴 손가락을 자랑거리로 갖고 싶었는데

사는 일에는 생무지라
몸이 휘청거리기 시작하자
심장이 두근거리던 기억은 금세 잊어버렸어요

애써 새겨 넣었던 말은 지워지고
엉뚱한 옷을 입힌 기억으로
속수무책인 마음도 그만
떼어내고 싶어서

웃음이 쏟아졌던 자리를 들추면
아껴두었던 입술의
흔적들이 다정하게 박혀있을까요

어쩌다
저녁의 눈망울이 순하게 감길 때
이울어가는 보랏빛 심장을 살짝 꼬집으면

〈
짐짓
당당해진 오월의 허공만 더 요란해져요

압생트, 압생트 Absente

조각나버린 기분이 울부짖는 날
설마,
약간의 운과 좋은 날씨를 원할 뿐*이었던 거야?

아르테미시아 압신티움…
순진한 초록 따위 잊어버려,
주술을 거는 중이야

70도의 환상은
활활 타오르는 욕망이어서
유혹의 초록은 가슴에 안기기 전
입술에서부터 불타오른다지

악마의 이름에 메마른 가슴을 적시면
귀 한쪽을 자르지 않고도
불멸의 작품 하나 만들 수 있을지도 몰라서

눈으로 먼저 황홀해진 후
오래전의 무릎 위에라도 걸터앉아

Death in the Afternoon!**

* 영화 〈포스 오브 네이쳐〉에서.

** 헤밍웨이가 압생트로 만들어 마셨다는 칵테일 이름으로 그의 소설 제목과 같음.

애월涯月을 그리다 12

새로워지기 위한 변화를 두려워하지 않기로 했어

자꾸만 하품하는 다리를 일으켜 세우고
바라보지도 않았던
에게해 빛깔의 블라우스도 마련했어

기운을 잃어버린 비행기 날개에
활기 넘치는 풍선을 가득 매달아주고
걱정만 올라앉은 내 어깨에 라벤더 향기를 심어주면
나, 보랏빛 내일이 될 수 있을까

그리운 풍경을 입안 가득 넣고 되뇌면
절대 사라지지 않을 것 같아서
자꾸만 오물오물 불러 보기도 해

이름만 떠올려도 바다 냄새가 와락 달려들어서
아찔하던 찰나들을 모으면
간절한 생을 한 번 더 쓰게 될지도 몰라
〈

잘 익은 시절을 주렁주렁 껴안고 있는
살-구나무 쪽으로 몸을 기울이다 보면

애월,
어느 날
환해서 정다운 나를 만날 수도 있을 거야

애월涯月을 그리다 13

그리움을 발효시키면 어떤 얼굴이 남을까

고꾸라지는 너를 잡아주지 못해
바닥에 무너진 얼굴을 슬프게 껴안는 꿈을 꿨어

얼굴을 마주하지 못하는 시간을
더 오래 견뎌야 할지 모르겠다는 염려 때문인지
아침에 깨어나면 언제나 꺼림칙한 기분이야

불안한 꿈은
또 하루치의 시간을 **빼앗아** 가겠지

저 혼자 회심의 눈동자를 굴리며
영역을 넓혀가는 먹구름 곁에서라도
놓치고 말았던 얼굴들이 거짓말처럼 되살아났으면 좋겠어

간절한 것들은 너무 먼 바깥에서 서성이는 중이라 해도
자귀나무꽃 사이를 건너다니는 까마귀가

반가운 소식을 데려와 주기를 좀 더 견뎌보기로 했어

애월,
기다림을 묵힐수록 향기로운 우리가 될지도 모르니,

애월涯月을 그리다 17

눈에 잡힐 듯한 풍경들은 모두 어디로 숨어버린 걸까

군불을 지펴놓은 아랫목 같던 여름은
하늘이 와장창 쏟아버린
칠흑 같은 빗줄기를 수습하느라 제 모습을 깜박했나 봐

나도
벌떡 일어나 뛰쳐나가고 싶은 날이
많은 생이지만

손톱 밑에 심술을 숨겨놓았던 신이
햇빛을 넣고 닫아버린 지퍼를 조금 열어
인심 쓰듯 톡 톡 털어 내는지
간절한 햇살이 간혹 쏟아지기도 해서

누군가와 마주 보며 웃었던 시간을 모으면
얼마나 환한 꽃이 될까
상상해 보는 중이야
〈

애월,
오늘은
오래오래 행복 하자던 사람의 말을 데려와
주름진 목에라도 걸어봐야겠어

책무덤으로 들어가는 여자

흰 머리카락이 집을 짓는 동안
낯선 문장들을 조합하고 있죠

자주 무거운 돌이 얹히는데
변덕쟁이 시간마저 재바른 걸음으로 어깃장을 놓아요

보드라운 마음 가만히 건네주던 모란도 가고
뺨을 건드리던 분홍이 꽃무덤으로 눕는 동안
창밖의 이팝꽃에 헛배만 부르네요

언젠가 타고 갈 한 척의 배* 앞에서
팔찌에 단심을 새기는 多利의 얼굴을 바라보다가
살가운 옷자락을 끌며 가는
백제 여인의 숨소리도 들어봐야 하는데요

끝내 건드리지 못해 아쉬운 목록들을 부르면
곁을 내주지 않던 주석이 우르르 쏟아지기도 하고
미처 들여다보지 못한 사연들도 하염없이 달려들어
무딘 심장을 두드려대기도 해서

〈
어느 봄날,
새물내 향긋한 당신의 나라에 도착할지도 모르겠습니다

* 문효치 시인의 「무령왕의 목관」에서 인용.

■□ 해설

섬, 혹은 발효와 묵힘의 시간
– 김밝은 시인의 세 번째 시집 읽기

황치복

(문학평론가)

1. 부재, 혹은 근원적 결핍의 초상

2013년 『미네르바』를 통해 등단한 김밝은 시인의 세 번째 시집이다. 이번 시집이 앞선 두 시집과 큰 변별점을 보이는 것은 아니지만, 시적 사유와 이미지가 좀 더 깊어지고 그윽해진 성숙의 흔적을 읽을 수 있다. 이번 시집에서도 그렇지만, 그동안 시인은 『잃어버린 시간을 찾아서』라는 소설에서 잃어버린 과거의 충만한 시간에 대한 향수를 그리고 있는 것처럼 지금, 여기에 없는 그때, 거기의 가치를 찾아서 즐

겨 시적 모험을 감행했다. 이러한 시적 구도에서 볼 때, 김밝은 시인의 시적 상상력은 현실 같은 것은 무의미하기 때문에 버리고 과거의 아름다웠던 시공을 찾아가려는 낭만주의적 충동과 닿아있다. 시인이 추구하는 과거의 잃어버린 시간 속에는 사랑했던 사람을 비롯하여 내면에 각인된 가족의 아픈 가족사와 육친애적 사건들, 그리고 풍요로웠던 유년의 시간이 오롯이 간직되어 있는 고향 해남의 과거 시간들이 포함된다.

이번 시집에서도 시인은 그러한 가치들이 소멸한 결핍과 부재의 현장을 거닐면서 그것의 회복을 위해서 다양한 시적 전략을 구사하는데, 그러한 것들 중에는 꿈이라는 초월적 공간으로 도피하기도 하고, 운명이라든가 운세와 같은 주술적 사고의 영역에서 피안의 가능성을 타진하기도 한다. 그리고 무엇보다 '섬'이라는 상징적 공간을 찾아서 결핍과 부재의 현실에 대한 대안을 발견하려고 하는데, 이처럼 현실화하기 어려운 과거의 행복한 시간을 복원하려는 불가능의 욕망을 꿈꾼다는 점에서 회감回感(Erinerung)이라는 시적 양식의 어떤 본질적 국면을 보여주고 있기도 하다. 부재의 양상은 다음과 같다.

눈치채지 못했다

〈

시치미 떼고 불쑥 나타난

붉은 물집 같은 얼굴들

탱자나무 가시덩굴처럼

빽빽한 눈물로 가득해진 뒤에야

뼛속까지 파고드는 고통을

선물처럼 두고 갔음을 깨달았다

독하디독한 통증을

비명처럼 앙다물어도

온몸은 허공에서 어지럽기만 한데

눈치 없는 마음이 문제였다고

굳이 짝을 맞춰 붉어지는

낯선 표정들

벼락이 내린 흔적처럼

내 몸 어딘가

화인火印으로 남은 시간이 들썩여도

〈

아슬아슬하게 붉어진 물집처럼 끝내
터트릴 수 없는 눈물이 있다

— 「대상포진」, 전문

   대상포진은 수두-대상포진 바이러스가 몸속에 잠복 상태로 존재하고 있다가 다시 활성화되면서 발생하는 질병이다. 대상포진처럼 부재의 존재는 시야에서 사라졌기에 부재라고 할 수 있지만, 그러나 시적 화자는 그것이 자신의 몸속에 흔적으로 남아서 수시로 발현되는 것이라고 이해한다. 부재의 존재는 "붉은 물집"이라는 이미지와 "탱자나무 가시덩굴"이라는 이미지로 이원화되는데, 전자는 부재의 존재가 품고 있으리라 생각되는 이별의 고통을 표상하고 후자는 그것이 시적 화자에게 미칠 수 있는 날카로운 고통과 함께 부재의 존재로 인해서 앞으로의 행보가 가시밭길 같을 것이라는 현실을 암시한다.

   부재의 현실은 시적 공간에 등장하는 다양한 고통의 언어들이 그 속성을 짐작케 한다. "뼛속까지 파고드는 고통", "독하디독한 통증", 그리고 "비명" 등의 표현들이 부재의 현실 공간이 시적 화자에게 어떻게 작용하는지를 명증하게 나타낸다. 하지만 가장 충격적인 표현은 "벼락"이라든가 "화인火印"이라는 이미지인데, 이러한 이미지들은 부재의 현실이

얼마나 충격적이고 결정적인 사건이었는지를 말해준다. 이 별은 벼락같이 다가와서 시적 화자의 몸에 낙인을 찍어놓고 있는데, 이러한 낙인은 시적 화자가 평생 그러한 부재의 현실에서 벗어날 수 없을 것이라는 사실을 시사해주고 있기 때문이다.

그러니까 가치 있는 존재의 부재는 시인에게 근원적인 결핍으로 작용하면서 고통의 원천으로 작동하고 있음을 확인할 수 있는데, 따라서 그러한 결핍은 충족을 위한 다양한 전략과 기획을 야기할 것이라는 점을 예상할 수 있다. 시인은 가치 상실을 야기한 부재의 현실에 대해 음미하면서 그 의미와 파장을 주목하기도 하고, 다양한 전략도 세워보면서 그 현실을 감당하려고 한다. 「꽃나무와 아이들―이중섭」이라는 시를 보면 시인이 어떤 상황에 주목하고, 어떤 처지에 공감하고 있는지를 짐작할 수 있다. 가난 때문에 일본인 아내를 바다 건너에 두고 사무치는 그리움에 떨었던 화가 이중섭의 삶에 주목하면서 시인은 "만질 수 없는 얼굴을 어루만지고 싶어 억장이 무너질 때 건너지 못하는 바다를 향해 꽃향기 날아오른다 뛰어내린다"라고 하면서 이중섭의 마음에 빙의하여 그 절실한 그리움을 읽어내고 있다.

또한 시인은 조선 후기 화가 조희룡이 그린 〈매화서옥도梅花書屋圖〉라는 회화의 제목을 빌어 두 편의 시를 완성하고 있는데, 「매화서옥도梅花書屋圖 2-통도사 자장매」라는 시편에서는 "홀로 향기를 피워내는 얼굴 하나 남겨두고/ 차마 뒤돌아서지 못하겠습니다"라고 하면서 통도사의 자장매에 그리운 사람의 얼굴을 투영하고 있다. 그리고 「매화서옥도梅花書屋圖 1-대흥사 초의매」에서는 "막막한 예언에 갇혀서도 간절해지는/ 만개한 당신 얼굴// 어느 시절의 안색으로 그토록 눈부신가요"라고 하면서 그리운 사람의 얼굴을 상상하면서 황홀경에 빠지기도 한다.

이처럼 부재하는 존재에 대한 형언할 수 없는 그리움과 갈망을 간직하고 있는 것은 그것이 시인의 실존적 삶을 지배하는 가장 궁극적인 가치의 원점이기 때문일 것이다. 라캉의 정신분석학적 명제를 들어 말하자면 시인은 대타자(Autre)의 상실로 인해서 끊임없이 오브제 쁘띠 아(objet petit a)를 나비처럼 날아다니는 행보를 보인다. 즉 상징계적 질서의 자리와 역할을 고정시켜줄 존재의 상실로 인해서 끊임없이 그것을 대체해 줄 욕망의 대상들을 찾아다니게 되는 것이다. 언어와 법, 혹은 아버지의 이름에 대응되는 대타자의 상실은 「분홍이 익어가는 동안」이라는 시편에서 명증하게 그려지고 있다.

개구리 울음소리가 마당까지 올라오기 시작하면 할머

니는 잘 익은 분홍을 술잔에 담아 상을 차려놓고는 *나쁜
놈 나쁜* 놈 질펀한 목소리로 허공을 휘저었다 그런 날은
유난히 반짝이는 밤하늘이 손을 뻗으면 잡힐 것만 같아서
나쁜 놈이 되어버린 아버지 얼굴이 더 궁금했다

   상상은 또 다른 상상을 건드려주곤 해서 혼자 있을 때
면 하늘에 가닿는 비밀을 키우며 두근거리던 날들이 있었
다 한 번쯤 꼭 만져보고 싶던 얼굴
                              – 「분홍이 익어가는 동안」, 부분

  어머니를 남겨 두고 자식이 먼저 이승을 떠났다는 것, 그래서 그것은 할머니에게 결코 치유될 수 없는 상처가 되어 한평생 가슴을 후벼 파면서 애증의 이름으로 남아 있다는 것, 할머니는 "나쁜 놈 나쁜 놈"이라고 한탄하면서도 해마다 잊지 않고 상을 차려놓고 고인을 회상하는 장면이 애절하게 그려지고 있다. 시적 화자 또한 아버지의 부재는 근원적인 결핍으로 작용하면서 무한한 상상력의 원천이 되고 있는데, "상상은 또 따른 상상을 건드려주"고 있다는 시적 진술이라든가 "한 번쯤 꼭 만져보고 싶던 얼굴"이라는 표현이 결핍에서 솟아나는 간절한 욕망을 시사하고 있다. 그러니까 아버지로 대변되는 근원적인 삶의 가치 상실은 시적 화자를

사로잡고 있으며, 그러한 결핍과 부재는 무한한 상상의 원천으로 작용하면서 그것을 대체할 만한 가치들을 찾아 헤매는 기제로 기능하고 있는 셈이다. 그러나 근원적인 가치의 원천인 대타자를 대체하는 대상a라는 것은 한정적이고 찰나적인 보충물에 불과하여 곧 소멸하고 말 눈사람 같은 것인지도 모른다.

　　백 년 만에야 찾아왔다는 듯
　　꺼이꺼이 눈이 내렸어

　　지나간 시간을 돌돌 굴려
　　눈사람이 되고 싶었던 기억에 설렜지

　　시들어가는 나무에 꽃소식 내려앉았다며 부르던
　　더는 맞댈 수 없는 손이
　　멀어져가던 소식이
　　두 팔 벌리며 서 있을까 기대했는데

　　사람들, 화풀이라도 해야겠다는 듯
　　사정없이 목을 치고 가고
　　온몸을 두들기고 간 바람에

입가 웃음만 붙잡은 채 나뒹굴고 있는 눈사람

　　산산조각이 나버린 풍경에
　　오늘은,
　　내가 사람이어서 울고 싶은 날이야
　　　　　　　　　　　　— 「눈사람에 대한 예의」, 전문

　시인이 눈사람에 대해 이토록 유정한 태도를 보이는 것은 그것이 "백 년 만에 찾아"온 "지나간 시간을 돌돌 굴려" 만들어진 것으로서, 과거의 시간을 담지하고 있는 구상체이기 때문이다. 시적 화자의 서러운 감정이 투영되어 있는 눈은 "꺼이꺼이" 울면서 내려서 눈사람이 된다. 그러니까 눈사람은 시인이 오랫동안 기다리고 그리워하던 어떤 가치가 발현된 대체물로서 잠시나마 시인의 소망과 바람을 충족시켜 주는 대상인 셈이다. 그것이 함축하고 있는 과거의 시간은 어떤 모습인가? 거기에는 "시들어가는 나무에 꽃소식 내려앉았다며 부르던/ 더는 맞댈 수 없는 손"이 실재했는데, 지금은 "멀어져가던 소식"처럼 부재로 소용돌이치고 있는 시간이 되고 말았다. 과거의 시간은 거짓말처럼 부활과 갱생이 가능할 것 같은 그러한 시간인데, 그러한 시간이 눈이 되어 내리고 눈사람과 같은 구체적인 형상이 되어 있는 것이다.

그러나 눈사람이란 꿈처럼 환영처럼 잠깐동안 형상을 취했다 흔적도 없이 사라져버리는 속성을 가지고 있는 대상이다. 그것은 대상a처럼 어떤 욕망의 대상을 잠시 대신하다가 소멸해 버리는 속성을 지니고 있는 셈이다. "입가 웃음만 붙잡은 채 나뒹굴고 있는 눈사람"이라는 표현이 근원적인 가치를 대변하지 못하는 찰나적인 대상a의 모습을 구체화하고 있다. 시적 화자는 그러한 모습을 보면서 "내가 사람이어서 울고 싶은 날이야"라고 고백하고 있는데, 이러한 장면은 바로 꿈과 상상을 허용하지 않고, 엄정한 자리를 지정하는 언어적 체계로 구축되는 상징계적 질서의 냉혹한 현실에 대한 비판적 인식이 잠재되어 있다. 시인이 이러한 엄정한 상징계적 질서와 현실 원칙에 대해 일정한 거리를 두고서 운명이라든가 주술적 생각으로 초월하려는 충동은 이러한 심리적 메커니즘에서 야기된 것이다.

2. 운명, 혹은 주술이 지향하는 것

냄새 나는 하루를 쏟아놓고 가을을 흔드는 은행나무를 바라보던 문장들이 터벅터벅 다가오는 날 나는 당신에게 더 골똘해지는 중이지

〈

　욕심을 부리고 싶어도 당신을 만질 수 없는 손금이어서 상상만으로 건드려보는 내력이 가슴에 턱 자리 잡기도 하지 시간이 더는 나를 해체하지 않았으면 좋겠는데

　이름에 손만 얹으면 전생의 전생까지 환하게 읽히는 순간이 올지도 모르고 아슴푸레한 시절을 들여다보면 언젠가 그늘의 장막 아래서 당신은 시를 들여다보고 나는 그저 노래나 한 뼘 만지작거리고 있을지도,

　허공을 더듬으며 추락하는 숨결처럼 울고 싶을 때도 당신 이름에 어깨를 기대지는 않지, 않지가 않기가 되기도 하지 가위눌리는 밤은 계속될지 모르지만

　나란히 한 곳을 바라보며 입꼬리 살짝 올라가던 풍경만은 꼭 움켜쥐고 있지
　　　　　　　　　　　　　　　　－「사이코메트리」, 전문

　여전히 그리운 사람을 그리워하는 중이다. 그리운 사람은 은행나무와 관련된 추억에 얽혀 있기에 은행나무 잎이 물드는 가을의 은행잎을 보면 저절로 "당신에게 더 골똘해

지는" 습관에 빠져든다. 하지만 그리운 사람은 부재하기에 시인은 "욕심을 부리고 싶어도 당신을 만질 수 없는 손금이어서 상상만으로 건드려 보는 내력"에 빠져들기도 하고, "시간이 더는 나를 해체하지 않았으면" 하는 간절한 기원에 물들기도 한다. 부재의 존재를 향한 간절한 마음이 잘 드러나 있거니와 상상적 세계 속으로 잠입해서 그리운 사람과 접촉하기를 바라기도 하고, 그리운 사람과의 기억이 더 이상 흐릿하게 없어지지 않기를 바라는 바람 속으로 침잠하기도 하는 것이다.

그러나 더욱 주목되는 것은 주술적 사고인데, "사이코메트리"라는 제목이 그러한 사고방식을 표상하고 있다. 사물에 손을 대면 그 물건과 관련된 정보를 알아내는 일종의 초능력을 뜻하는 사이코메트리는 부재하는 존재에 다가가고 싶은 간절한 소망을 압축하고 있다. 이 시에서는 3연의 시상이 그러한 초월적 능력에 대한 구체적 내용을 담고 있는데, "이름에 손만 얹으면 전생의 전생까지 환하게 읽히는 순간이 올지도 모르고"라는 표현 속에 그 간절한 내면적 욕구가 응축되어 있다. 또한 "아슴푸레한 시절을 들여다보면 언젠가 그늘의 장막 아래서 당신은 시를 들여다보고 나는 그저 노래나 한 뼘 만지작거리고 있을지도"라는 표현은 궁극적으로 시적 화자가 도달하고자 하는 경계, 아무런 부족함

이나 결핍도 없는 충만하고 평화로운 경지를 보여준다. 시인이 추구하는 원만구족한 상황이란 불가능한 것이기에 사이코메트리라는 초월적 능력을 통해서라도 그곳에 틈입하고자 하는 소망이 피력되어 있는 것이다. 시상의 마지막에 다시 한번 반복되고 있는 "나란히 한 곳을 바라보며 입꼬리 살짝 올라가던 풍경"이라는 장면 역시 그리운 사람과 합일의 경지에 이르고자 하는 소망이 응축되어 있다.

물론 '사이코메트리'라는 비현실적인 능력에 의존한다는 점에서 그것은 환상과 꿈의 세계에 속하는 것인데, 시인이 이러한 초월적 힘에 의지하고자 하는 것은 자신의 기원이 현실에서는 불가능하다는 것, 그리고 현실이란 대단히 비속하고 속악해서 의지할 것이 못 된다는 페시미즘적인 생각이 잠재되어 있기 때문이다. 그런데 이러한 비현실적인 몽상의 세계에 대한 천착은 외부의 현실이 그러한 주술적 힘에 의해 작동되며, 자신의 인생이라든가 세계를 이끌어가는 동력 가운데 하나가 바로 그러한 요소라는 것을 내면화한다.

  빨강을 좀 더 주세요
  아니,
  그냥 빨강으로 나를 덮어줄래요
  〈

어둠처럼 고이는 잡념의 시간을 내 안에서 파내고
점괘에 맞추듯 붉은색을 들이부어야 하나

꼼꼼한 솜씨로 그려 넣은 부적의 붉은 샛길은
어디로 가닿는 절박한 소식인지

붉은 속옷을 입으라니까
아브라카다브라!
            － 「삐딱한 계절의 빨강」, 부분

조각나버린 기분이 울부짖는 날
설마,
약간의 운과 좋은 날씨를 원할 뿐이었던 거야?

아르테미시아 압신티움…
순진한 초록 따위 잊어버려,
주술을 거는 중이야
            － 「압셍트, 압셍트Absente」, 부분

「삐딱한 계절의 빨강」의 인용된 부분에서는 시인의 주술적인 생각과 사고방식이 선명하게 드러나고 있는데, "점괘"라든가 "부적", 그리고 "아브라카다브라"라는 주문呪文들이 그러한 사정을 분명히 하고 있다. 또한 "부적의 붉은 샛길은/ 어디로 가닿은 절박한 소식인지"라는 표현은 주술에 의지하는 시인의 내면이 추구하는 궁극적 목적이 '절박한 소식'에 있음을 확인해 준다. 그러니까 시인은 "어둠처럼 고이는 잡념의 시간"에서 벗어나 "붉은 샛길"을 찾기 위해서 초월적 힘과 주술의 세계로 잠입하고 있는 셈이다.

「압생트, 압생트Absente」라는 작품 역시 주술적 사고가 지배하고 있다. "약간의 운과 좋은 날씨"가 인간의 힘으로 어찌할 없는 인생의 외부성을 암시하고 있는데, 외부의 힘에 의해 지배되는 삶이란 곧 우연성에 의존하는 것이라 할 수 있다. "아르테미시아 압신티움"이라는 구절은 시적 화자가 외치는 일종의 주문이라고 할 수 있는데, 그것은 압생트라는 칵테일의 재료가 되는 향쑥의 다른 이름이며 화자의 주문에 의해 그것은 70도의 독한 술로 변하게 된다. 물론 그런 주문의 결과는 "조각나버린 기분이 울부짖는 날"을 "타오르는 욕망"과 같은 불꽃의 그것으로 바꿀 것인데, 주문의 효과를 실감할 수 있는 대목이기도 하다.

이처럼 시인에게 주술적 사고는 일상적인 것이라고 할 수 있으며, 이러한 현상은 시인이 경험한 속악한 세상에 대한 좌절과 실패의 강도를 보여준다. 이러한 사고방식이 체현되어 있기에 시인은 세상을 지배하는 숨어 있는 힘이 바로 그러한 초월적 힘이라고 상정한다. "시간의 주술에 걸려 무너져 내리는/ 배들의 무덤가를 햇살 한줄기 갸웃거리고 있다"(「완경完經─하제포구」)라는 구절을 보면, 바다 위를 항해하던 배들이 '시간의 주술'에 걸려 퇴락하고 있으며, "막막한 예언에 갇혀서도 간절해지는/ 만개한 당신 얼굴"(「매화서옥도梅花書屋圖 1─대흥사 초의매」)에서의 부재의 존재 또한 '예언'에 의해 조종되는 상황에 처해 있는 것으로 수용된다.

또한 시인은 "노루잠이나 개잠의 얕은 잠 속만 들락거리다 계시를 주는 것 같은 선몽을 꾸기도 하고 싱싱하던 잉어가 물이 바짝 말라버려 죽는다던가 멀쩡한 이빨이 몽땅 뽑히는 꿈에 화들짝 깨어 알 수 없는 불안으로 조바심을 내기도 했습니다"(「꿈, 에필로그」)에서 볼 수 있는 것처럼 꿈속, 특히 선몽의 세계를 노닐고 있으며, "내 옆구리를 내가 콕콕 찌르면서/ 아직도 해마다 봉숭아꽃을 손톱 위에 올려놓고/ 주문처럼 외우는,// 울지 않는다 울지 않는다"(「거짓말쟁이」)에서처럼 해마다 잊지 않고 일정한 때가 되면 '주문처럼 외우는' 습관을 내면화한다. 그리하여 "올가을엔 동쪽에서 오는 사람을 꽉 잡아/ 틀림없이 귀인일 테니"(「삐딱한 계절의 빨강」)라는 점술의 어법이 시인의 생활 방식을 지배하게 된다.

  그러나 주술과 초월적 힘이란 비현실적인 것이며, 결코 현실화되기 어렵다는 점에서 무모한 시도이거나 현실 도피적인 태도로 수렴되기 쉽다. 그것은 「압생트, 압생트Absente」에서처럼 알코올에 의존한 황홀경이거나 「꿈, 에필로그」처럼 몽상의 영역에서 노니는 무의식적 충동일 뿐이다. 그래서 그것은 현실에 눈을 돌리는 순간 환멸을 야기하는데, 그렇기 때문에 시인은 언제나 그러한 환상으로 도피할 수는 없다. 그것은 상징계를 거부하고 상상계로 다시금 진입하려는 무도한 시도일 수 있기 때문이다. 다음 시가 이를 잘 보여준다.

    오늘은 아주 많이 보고 싶은 얼굴이라도 만나야
    피곤이 조금 풀릴까 말까 하고
    죽어라 달려도 뒤로 열 걸음은 물러나는 날이래

    녹슨 시간을 백날 어루만져도
    윤기 나는 시간은 다시 오지 않을 테니
    8월의 무더위를 잔뜩 품은 길 위에
    깔깔비가 쏟아지는 날이라도
    밖으로 달려나가지 않는 것이 좋을 거라고
    〈

언제나 어긋나는 예언들에서

그만 눈길을 거둘 때도 되었는데

눈을 뜨면 다시 손가락을 올려놓는

오늘의 운세

장맛비 그친 하늘 사이로 비치는 서광처럼

모든 일이 술술 풀릴 거라는 소식을

하늘 가득 띄워줄지도 모른다는 상상을 했는데

애월,

희망고문 같은 오늘의 운세가 퍽,

또 뒤통수를 치고 가버렸어

- 「애월涯月을 그리다 15」, 전문

"녹슨 시간을 백날 어루만져도/ 윤기 나는 시간은 다시 오지 않을 테니"라는 표현이라든가 "언제나 어긋나는 예언들에서/ 그만 눈길을 거둘 때도 되었는데"라는 탄식 등이 환상적 세계라든가 주술적 기원 등이 현실을 갱신하기 어렵다는 자각을 투영하고 있다. 과거는 되돌릴 수 없으며, 과거에 대한 회상이 아무리 반복되어도 그것을 복원하는 것은 불가능하다는 것, 그리고 예언이나 주술이라는 것은 현실 원칙을 무시한 주관적 소망이기에 그것이 현실화되는 것은 어렵다는 현실적 인식이 자리 잡고 있는 것이다. "장맛비 그친 하늘 사이로 비치는 서광"과 같은 이미지는 시인이 내면 풍경에서나 이루어지는 장면이지 외부적 현실이 아니라는 자각이 이루어지고 있는 셈이다.

그렇다면 현실은 어떤가? "죽어라 달려도 뒤로 열 걸음은 물러나는 날"처럼 문제가 해결되거나 진척되지 않고 맴돌기만 하는 시간, 그리고 "깔깔비가 쏟아지는 날"처럼 서광은 찾아보기 어려운 구름의 시간이 지배하는 것이 현실이라고 할 수 있다. 현실은 항상 "희망고문 같은 오늘의 운세가 퍽,/ 또 뒤통수를 치고 가버"리는 배신과 좌절의 나날들이 지배하고 있는 것이다. 그런데 이러한 현실은 항상 근원적인 결핍과 부재가 자리 잡고 있는 곳이었다. 시인은 이러한 근원적 부재라는 좌절에서 벗어나고자 주술과 초월적 세계를 지향했는데, 그러한 주술적 세계 또한 '희망고문'과 같은 것이라면 시인의 앞에는 어떤 길이 놓여 있을까? '섬'이라는 상징의 길이 놓여 있다.

3. 섬, 혹은 묵힘과 발효의 시간

밀어내도 밀어내도 마음만은
무작정 아득해져서

홀로 선 바위도 섬 하나가 되고
떨어진 꽃 한 송이도
한 그루 나무의 마음이 되지

비를 붙들고 걷는 사람을 꼭 껴안은 바다는
열어젖힌 슬픔을 알아챘는지
흠뻑 젖은 그림자로 누워 있네

아무리 생각해도

섬과 사람 사이
사람과 사람 사이

참, 눈물겹기도 하지

- 「참, 눈물겹기도 하지-선유도에서」, 전문

시인은 다른 시편에서 "이쯤에서 딱 열흘만/ 몸서리쳐지는 세상에서 한발 물러서서 흘러가는/ 섬으로 가고 싶은 날"(「기묘한 슬픔—석모도」)이라고 노래한 바 있다. 그러니까 시인에게 '섬'이란 간난신고의 현실에서 벗어나 마음의 평정과 평화를 얻을 수 있는 구원의 장소라고 할 수 있다. 그런데 인용된 시편에서 시인은 '선유도'라는 섬에 가서 현실에서 해방된 감정이 아니라 모든 사물과 사람 사이의 관계가 마음으로 연결되어 있으며, 그렇기 때문에 유정할 수밖에 없다는 사실을 깨닫는다. 그러니까 섬이란 시인에게 마음과 마음이 서로 연결되어 있는 유정한 공간으로 인식되는 것이며, 그렇기 때문에 인간과 그 삶의 본질적 면모가 잘 보이는 곳으로 여겨지는 것이다.

시상의 전개를 살펴보면 시인은 "밀어내도 밀어내도 마음만은/ 무작정 아득해져서"라고 말하는데, 마음이 아득해지는 것은 그것이 소멸하거나 무화되지 않고 멀어지면서도 쌓여서 깊어지기 때문이다. 마음과 마음이 연결되는 세계이기에 "홀로 선 바위와 섬 하나"가 부모와 자식과 같은 유정한 관계를 형성하고, "떨어진 꽃 한 송이"와 "한 그루 나무" 또한 그러한 관계로 해석된다. "비를 붙들고 걷는 사람"과 그를 "꼭 껴안은 바다"의 관계 또한 이심전심의 관계로 묶여 있기에 "열어젖힌 슬픔을 알아챘는지/ 흠뻑 젖는 그림자로 누워 있"는 것으로 파악된다.

이처럼 섬에서 보면 모든 세계(umwelt)가 마음과 마음으로 연결되어 있는 네크워크로 보이는데, 섬이 이러한 인식을 가능케 하는 것은 그것이 고립무원孤立無援, 혹은 혈혈단신孑孑單身의 처지에 있기 때문일 것이다. 섬은 바다에 둘러싸여 고립되어 있기에 역설적으로 외부와 소통을 갈망하는 유정한 대상으로 파악되는 것이다. 그래서 섬에서는 사람과 사람 사이가 아득한 마음의 네트워크가 되며, 섬과 사람 또한 고독한 처지에 대한 동병상련의 공감과 연대가 이루어지는 것이다. 시인이 "섬과 사람 사이/ 사람과 사람 사이// 참, 눈물겹기도 하지"라고 탄식하는 대목은 바로 섬의 이러한 속성에 대한 인식에서 나온 것이다.

그런데 이 대목에서 우리는 시인이 그동안 사랑하는 사람과의 이별로 인해 고통스러워했던 장면을 상기해 보면, 시인의 안목이 좀더 넓어지고 깊어진 국면을 발견할 수 있다. 그러니까 사람과 사람 사이, 그리고 사물과 사람 사이의 관계라는 것이 마음과 마음이 오고 가는 유정한 관계라는 것, 그리고 세계가 마음이 오고 가는 거대한 네트워크를 이루고 있다면, 자신의 애절한 이별과 부재의 고통이라는 것이 보편적인 삶의 본질 속으로 녹아들어 가 버리게 되는 셈이다. 이렇게 되면 시인은 더 이상 근원적인 부재의 고통을 특권화

할 수 없으며, 그것을 삶의 한 조건으로 수용하게 된다. 그리고 섬은 다시금 다음과 같은 길로 시인을 이끈다.

그리움을 발효시키면 어떤 얼굴이 남을까

고꾸라지는 너를 잡아주지 못해
바닥에 무너진 얼굴을 슬프게 껴안는 꿈을 꿨어

얼굴을 마주하지 못하는 시간을
더 오래 견뎌야 할지 모르겠다는 염려 때문인지
아침에 깨어나면 언제나 꺼림칙한 기분이야

불안한 꿈은
또 하루 치의 시간을 빼앗아 가겠지

저 혼자 회심의 눈동자를 굴리며
영역을 넓혀가는 먹구름 곁에서라도
놓치고 말았던 얼굴들이 거짓말처럼 되살아났으면 좋겠어

간절한 것들은 너무 먼 바깥에서 서성이는 중이라 해도

자귀나무꽃 사이를 건너다니는 까마귀가

반가운 소식을 데려와 주기를 좀 더 견뎌보기로 했어

애월,

기다림을 묵힐수록 향기로운 우리가 될지도 모르니,

— 「애월涯月을 그리다 13」, 전문

섬이란 고립무원의 공간이자 외따로 격리된 고독한 공간이기도 하다. 거기에서 사는 사람들은 육지와 달리 외부의 영향으로부터 차단되어 독자적인 삶과 문화를 형성하면서 살아간다. 섬은 정체된 삶이 매일 매일 반복되며, 진보라든가 변화라는 것이 매우 희귀한 장소라고 할 수 있다. 그래서 시간적인 차원에서 보자면, 섬이란 시간이 흘러가 버리는 것이 아니라 고이고 정체되는 곳이라고 할 수 있다. 지층의 흙처럼 시간의 더께가 층층이 쌓여 있는 형상이 바로 섬인 셈이다.

이러한 섬에서 시인이 "그리움을 발효시키면 어떤 얼굴이 남을까"라고 하거나 "기다림은 묵힐수록 향기로운 우리가 될지도 모르니"라고 토로하는 것은 어쩌면 자연스러운 일이다. 섬에서의 시간이란 바로 쌓이고 고여서 발효되고 숙성되는 그것이라 할 수 있는데, 이러한 상황에서 시인은 부재의 존재에 대한 그리움을 대체물이나 환상을 통해서 대리 충족하기보다는 묵히고 익히는 것의 가치를 상정해 볼 수 있기 때문이다. 시인은 다른 시에서도 "잘 익은 시절을 주렁주렁 껴안고 있는/ 살-구나무 쪽으로 몸을 기울이다 보면// 애월,/ 어느 날/ 환해서 정다운 나를 만날 수도 있을 거야"(「애월涯月을 그리다 12」)라고 하면서 '잘 익은 시절'이 야기할 아름다운 결과를 상상하기도 한다. 그러니까 이제 시인은 사랑하는 사람의 부재에 대한 그리움과 기다림을 발효시키고, 묵히고, 익혀서 '향기로운 우리'라는 관계로 갱신할 것을 다짐하고 있는 것이다.

이상으로 김밝은 시인의 세 번째 시집의 극적인 시상의 전개와 시적 사유의 변화를 검토해 보았다. 부재의 고통으로부터 시작된 시인의 시적 여정은 꿈과 환상이라는 주술적 세계를 거쳐 발효되고 숙성되는 섬의 세계에 도달했다. 이러한 과정은 시적 사유의 성숙 과정이라고 할 수 있으며, 시인의 시의식이 그윽해지고 아득해지는 과정이라고 할 수 있다. 물론 이런 표현이 가능하다면 시적 진화의 면모를 보여주고 있다고 평가할 수도 있다. 이러한 시작 과정에서 시인의 명증한 이미지들이 빛을 발하고 있고 진정성 있는 마음의 무늬가 선명하게 새겨지고 있다. 시인의 네 번째 시집이 벌써부터 궁금해지는 이유일 것이다.

지성의 상상 시인선 041

새까만 울음을 문지르면 밝은이가 될까

초판 1쇄 발행 2024년 6월 10일

지 은 이 김밝은
펴 낸 이 한춘희
펴 낸 곳 지성의 상상 미네르바
등록번호 제300-2017-91호
등록일자 2017. 6. 29.
주　　소 03131 서울특별시 종로구 율곡로 6길 36, 월드오피스텔 802호
전　　화 02-745-4530
전자우편 minerva21@hanmail.net

ISBN 979-11-89298-68-5 (03810)

값 12,000원

* 이 책은 전부 또는 일부 내용을 재사용하려면 반드시 저작권자와 미네르바의 동의를 받아야 합니다.
*이 도서의 국립중앙도서관 출판시도서목록은 서지정보유통지원시스템 홈페이지(http://seoji.nl.go.kr)와 국가자료공동목록시스템(http://www.nl.go.kr/kolisnet)에서 이용하실 수 있습니다.